Thasos : dix siècles gravés dans le marbre

Une brève histoire au fil des inscriptions

Julien Fournier, Patrice Hamon, Natacha Trippé

ÉCOLE FRANÇAISE D'ATHÈNES
ΓΑΛΛΙΚΗ ΣΧΟΛΗ ΑΘΗΝΩΝ

Les inscriptions sont présentées ci-après uniquement en traduction. Qui souhaite lire le texte grec original se reportera à l'édition de référence citée pour chaque document. Par analogie avec les conventions en vigueur pour l'édition scientifique des documents épigraphiques, on utilise dans la traduction les crochets droits pour signaler que le texte gravé comporte une lacune plus ou moins étendue, restituée ou non (p. ex. **17** : « *Du Roi Phili[ppe] Sauveur* ») ; on utilise les parenthèses pour expliciter un mot sous-entendu ou pour apporter une précision (p. ex. **23** : « *Le Peuple (a honoré) Sextus Pompeius* »).

Le signe ★ renvoie aux plans du territoire, de la ville antique et de l'agora, sur lesquels sont indiqués les lieux et les monuments cités dans le texte. Chaque inscription du recueil y figure par son numéro, du moins quand son emplacement originel est connu avec précision. Le signe ☞ indique que l'inscription est exposée dans l'une des salles du musée de Thasos ou est encore visible sur le site. Les astérisques * renvoient au lexique (p. 59).

Abréviations bibliographiques

BCH = *Bulletin de correspondance hellénique.*

CITh III = P. Hamon, *Corpus des inscriptions de Thasos, III. Documents publics du IVe siècle et de l'époque hellénistique, ÉtThas* XXVI (2019).

IG XII 8 = C. Fredrich, *Inscriptiones Insularum Maris Aegaei praeter Delum VIII : Inscriptiones Insularum Maris Thracici* (1909).

IG XII *Suppl.* = Fr. Hiller von Gaertringen, *Inscriptiones Insularum Maris Aegaei praeter Delum, Supplementum* (1939).

Recherches I = J. Pouilloux, *Recherches sur l'histoire et les cultes de Thasos*, I, *ÉtThas* III (1954).

Recherches II = Chr. Dunant, J. Pouilloux, *Recherches sur l'histoire et les cultes de Thasos*, II, *ÉtThas* V (1958).

SEG = *Supplementum Epigraphicum Graecum.*

Repères chronologiques

Époque archaïque

vers 670 av. J.-C. : fondation de la cité de Thasos par des colons pariens.

VIIe-VIe s. : prise de contrôle progressive du littoral continental (la « pérée* »).

Époque classique

494-491 av. J.-C. : construction du rempart ; en **492**, Thasos fait allégeance à Darius, Roi des Perses.

480-479 : Seconde Guerre médique ; libérée des Perses, Thasos devient en **477** membre de l'Alliance athénienne (« Ligue de Délos »).

465-463 : Thasos quitte l'Alliance athénienne ; la ville est assiégée par Cimon ; les Thasiens capitulent et se soumettent aux Athéniens.

431-404 : Guerre du Péloponnèse entre Athènes et Sparte ; Thasos sert de base navale aux Athéniens.

411-407 : établissement d'une oligarchie ; révolte contre Athènes ; séjour d'Hippocrate à Thasos.

407-405 : brève restauration de l'hégémonie athénienne ; en **405**, le Spartiate Lysandre remporte une victoire ultime sur Athènes et établit l'hégémonie de Sparte à Thasos.

390 : expulsion de la garnison lacédémonienne ; restauration de la démocratie.

vers 375 : Thasos devient membre de la Seconde confédération maritime athénienne.

360-356 : sécession des « Thasiens du continent » établis à Krénidès/Datos ; perte de la pérée* au profit de Philippe II, roi de Macédoine.

338 : bataille de Chéronée ; Thasos se rallie en **337** à Philippe II.

Époque hellénistique

334-325 av. J.-C. : Alexandre le Grand conquiert l'empire perse.

323-vers 280 : naissance des grands royaumes gréco-macédoniens en Orient ; au IIIᵉ s., Thasos est alliée au royaume des Antigonides ; le commerce du vin thasien vers la mer Noire est florissant.

202-197 : Thasos est soumise et occupée par Philippe V de Macédoine.

196 : les Romains libèrent Thasos de l'hégémonie macédonienne.

89-86 : Mithridate, roi du Pont, envahit l'Asie Mineure, puis la Grèce ; Thasos, assiégée, lui résiste.

42 : Bataille de Philippes ; Thasos s'engage dans le camp des assassins de César, Brutus et Cassius.

Époque impériale

27 av. J.-C. : fondation du Principat* ; début d'une longue période de paix à Thasos.

46 apr. J.-C. : création de la province romaine de Thrace.

96-192 : dynastie des Antonins ; nombreux travaux d'urbanisme à Thasos.

293 : fondation de la Tétrarchie par Dioclétien ; Thasos à nouveau rattachée à la province romaine de Macédoine

306-363 : dynastie constantinienne ; dernières inscriptions publiques de la cité des Thasiens.

380 : édit de l'empereur Théodose interdisant les cultes païens ; premiers monuments chrétiens à Thasos.

Introduction

Les cités grecques de l'Antiquité étaient de petites communautés humaines, attachées à leur identité et à leur histoire. Chacune possédait ses lois – d'orientation oligarchique ou démocratique –, organisait ses affaires communes et ses cultes, défendait son territoire et gérait ses finances. Les citoyens se réunissaient en assemblée pour prendre des décisions ; les magistrats, élus ou tirés au sort, assuraient l'administration quotidienne. Le fonctionnement des institutions produisait quantité de décrets, de pièces comptables, d'actes diplomatiques, qui étaient conservés sur papyrus dans les archives publiques. Par ailleurs, à partir de l'époque classique (v^c-iv^c s. av. J.-C.), l'habitude se diffusa de faire inscrire certains textes sur le marbre ou le bronze et de les exposer dans l'espace public. Cette pratique, qualifiée d'« épigraphique » – un mot tiré du grec *epigraphein*, « écrire sur » – est connue ailleurs en Méditerranée, mais elle est particulièrement développée en Grèce. La gravure était confiée à un artisan spécialisé, le lapicide, et coûtait de l'argent. Elle était donc réservée à une faible proportion de documents, ceux qu'on jugeait importants. Le but était de les porter à la connaissance de tous, d'exalter des valeurs communes, des événements ou des individus remarquables, de manifester l'allégeance de la cité à une puissance supérieure, de résister à l'indifférence et à l'oubli. De leur côté, les particuliers faisaient graver des inscriptions à titre privé, pour perpétuer un geste pieux ou le nom d'un défunt, ou encore pour afficher leur fortune et l'orgueil de leur famille.

Située sur une île de la mer Égée, à quelques encablures du continent thrace, Thasos est un parfait exemple de cité grecque. Fondée au vii^c s. av. J.-C. par des colons venus de Paros (une île des Cyclades), elle connut une longue et brillante histoire. Contrôlant l'île et, par intermittence, une partie du littoral qui lui fait face (la pérée*), disposant d'un excellent port et de ressources multiples, la cité fut riche et puissante à l'époque archaïque (vii^c-vi^c s. av. J.-C.). Elle dut se soumettre, à l'époque classique, aux deux puissances de rang égéen que furent Athènes puis le royaume de Macédoine, avant d'entrer au ii^c s. av. J.-C. dans l'alliance de Rome. Parmi les richesses qui firent sa fortune, Thasos possédait des carrières de marbre et les Thasiens passèrent maîtres dans l'art d'extraire, de tailler et de sculpter la pierre. Il n'est pas étonnant qu'ils aient aussi gravé des inscriptions en abondance. Les fouilles menées depuis 1911 par l'École française d'Athènes, et aujourd'hui en étroite collaboration avec le service grec des Antiquités, ont permis de découvrir près de 2 000 inscriptions, complètes ou fragmentaires. Elles proviennent en majorité de l'agora, car c'est là que battait le cœur de la cité. On y gravait des règlements, des décrets honorifiques, des dédicaces de statues, etc. Dans le reste de la ville étaient disséminés les sanctuaires consacrés aux divinités du panthéon local : l'Hérakleion, pôle de la vie thasienne, le Pythion, le Dionysion ou encore l'Artémision, où l'on inscrivait des règlements sacrificiels et des ex-voto. Plusieurs autres secteurs ont livré des inscriptions, de nature publique ou privée : le rempart, le port, le théâtre et enfin les nécropoles hors les murs. Au-delà de la ville, le territoire insulaire était ponctué de villages et de sanctuaires, mais peu d'inscriptions y ont été découvertes.

Les monuments antiques de Thasos furent abattus à l'époque protobyzantine (V^e-VIIe s. apr. J.-C.) pour servir de matériau de construction, si bien que beaucoup d'inscriptions nous sont parvenues à l'état de fragments. Pour les éditer, il convient de déchiffrer le texte et, s'il est mutilé, de reconstituer autant que possible son état originel, en raccordant les fragments, en déterminant l'étendue des lacunes et en proposant des restitutions plausibles. Pour les classer chronologiquement, il faut s'appuyer sur la mention de faits ou de personnages bien datés et examiner la langue et l'alphabet utilisés par le rédacteur, ainsi que la « paléographie », c'est-à-dire la façon qu'a le lapicide de dessiner les lettres. Depuis le début des fouilles, plusieurs générations d'épigraphistes ont publié ou republié les inscriptions de Thasos et ainsi progressivement enrichi nos connaissances. Associée aux sources littéraires, archéologiques et numismatiques, l'épigraphie fournit en effet quantité d'informations sur la cité : non seulement sur les événements politiques, diplomatiques et militaires, mais aussi sur le droit, la production et le commerce, la société, les relations entre hommes et femmes et entre libres et esclaves, ou encore sur la culture, les dieux et l'identité des Thasiens.

Notre ambition n'est pas de proposer un récit en bonne et due forme, ni un véritable guide de visite, mais de parcourir l'épigraphie thasienne dans un ordre chronologique, en entremêlant les catégories de documents et en expliquant quelques particularités de ce type de source. Le lecteur est invité à s'aventurer, d'inscription en inscription, dans les quelque dix siècles d'histoire de la Thasos antique.

Le Temps des Thasiens :
listes monumentales de l'agora

Les Thasiens avaient le souci de conserver et de fixer leur passé. Chez le poète parien Archiloque (vers 680-640 ? av. J.-C.), ils lisaient une évocation de l'aventure coloniale qui donna naissance à leur cité. Mais il est probable qu'ils écrivirent eux-mêmes leur histoire, dans des formes et par des méthodes qui ne sont plus les nôtres. Cette historiographie locale, faite de récits en prose et en vers, est entièrement perdue. Il nous reste néanmoins une source documentaire remarquable et sans véritable équivalent ailleurs en Grèce, à savoir deux grandes listes chronologiques, gravées sur des édifices de l'agora à partir du IVe s. av. J.-C. Ces listes enregistrent les titulaires des deux principales magistratures annuelles de Thasos : les trois archontes*, dotés de hautes fonctions exécutives, et les trois théores*, qui supervisaient les cultes. Le décompte commence à l'époque archaïque, peu après la fondation de Thasos par les Pariens (vers 670 av. J.-C.), et se poursuit ensuite, colonne après colonne, jusqu'à l'époque des Sévères (vers 230 apr. J.-C.). De génération en génération, les mêmes noms reviennent, ce qui montre que ces charges prestigieuses étaient occupées par un nombre restreint de familles. Dans leur état final, on peut estimer que les catalogues comptaient environ 2 500 et 2 000 noms d'individus respectivement, offrant un impressionnant spectacle épigraphique. Il s'agit d'un parfait exemple de construction sociale de la mémoire : pour consolider et exalter son identité, une communauté – la cité de Thasos – élabore une image de son passé. Devant ces annales de marbre, chaque citoyen pouvait se situer lui-même dans le temps, évaluer d'un coup d'œil le nombre d'années qu'il avait traversées et repérer le cas échéant la place de ses ancêtres dans les colonnes qui le précédaient. Prises dans leur ensemble, ces inscriptions étaient un tableau à la fois éloquent et vivant – car toujours en marche – de la longue histoire des Thasiens.

Les listes ont été exhumées dans les fouilles de l'agora, à l'état de fragments plus ou moins étendus. Elles forment un gigantesque puzzle, avec des lacunes et des incertitudes persistantes. Même incomplet, cet ensemble est d'une importance capitale, car il fournit le fil conducteur de l'histoire thasienne sur une durée de presque neuf siècles.

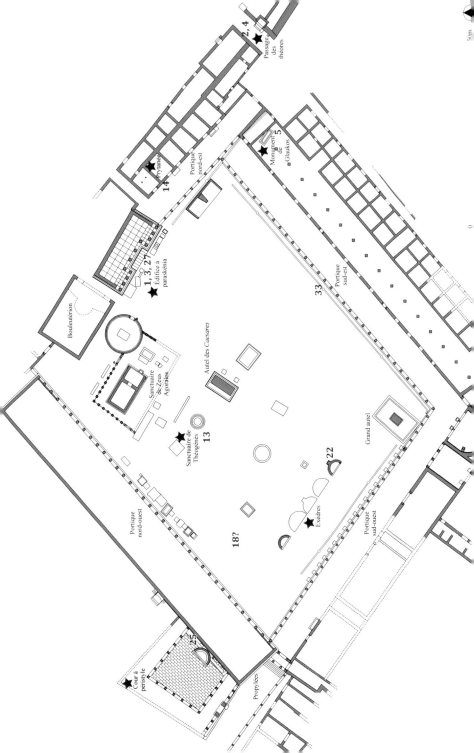

50 m

2, 4
Passage
des
théores

Monument
de
Glaukos

5

Prytanée

14

Portique
nord-est

1, 3, 21
Édifice à
paraskénia

Bouleutérion

Portique
sud-est

33

Sanctuaire
de Zeus
Agoraios

Autel des *Caesares*

Sanctuaire de
Théogénès

13

Grand autel

22

Portique
nord-ouest

18?

Exèdres

Portique
sud-ouest

Cour à
péristyle

25

Propylées

0

1 Liste récapitulative des archontes* (extrait) ☞ salle 6
Recherches I, 31 A-B

Pythiphôn fils d'Amphikratès.
Āristophanès fils d'Andrôn
Lykos fils d'Archôn
Brithôn fils de Nymphis.
Tellis fils de Timès
Pankratidès fils d'Érasis
Hègèsiboulos fils de Lydos.
Brattidès fils de Dèïllos
Idèratos fils de Nikôn
Philanthos fils d'Andramidès.
Lèókratès fils d'Athènadès
Léômédôn fils de Konôn
Sèmônidès fils de Mégyllès.
Ākèratos fils de Phrasièridès
Thrasôn fils de Polyôn
Simias fils de Timès.

[.]the[. .]mi[- - - - - -].
Hègèsarchos fils de Mégôn
Kallimèdès fils de Thrasys
Thersènôr fils de Nausôn.
Lykophrôn fils de Kléokritos
Habrônax fils de Pankratidès
Anaxis fils d'Orthagorès.
Dèmokratès fils de Kydènôr
Timèsidikos fils d'Arimnèstos
Damnis fils d'Aristônymos.
Hippokratès fils d'Épèratos
Aristopolis fils de Dèmosthénès
Léôphanès fils de Timokratès.
Āristopolis fils de Kratis
Deinoklès fils de Pankratidès
Pankratidès fils de Chrysôros.

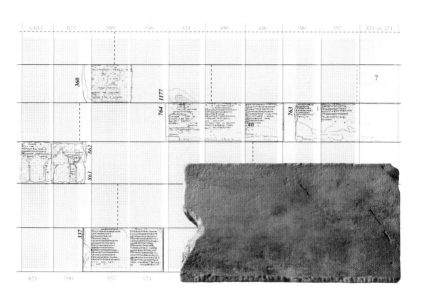

Ce bloc appartient à la Liste des archontes*, qui fut gravée vers 360 av. J.-C. sur un mur de marbre blanc dont l'emplacement n'est pas connu. Les groupes de trois noms sont séparés les uns des autres par un tiret à gauche. Le bloc se situe au pied des colonnes 3 et 4, en principe en ± 562-557 et en ± 529-524 av. J.-C. respectivement. Les noms, d'une grande variété, sont formés sur des mots grecs désignant l'excellence, la force, le commandement, la renommée, le cheval, etc. Ils reflètent l'univers mental de l'élite thasienne archaïque, son patrimoine culturel parien, ses goûts et ses valeurs aristocratiques. L'un d'entre eux, Akèratos fils de Phrasièridès, est un grand personnage du milieu du vɪᵉ s. : il est connu par une offrande de l'Hérakleion (**6**) et par son monument funéraire. Pour une raison peu claire, cette Liste des archontes fut interrompue au bout d'une quarantaine d'années, vers 320 av. J.-C. Les Thasiens décidèrent de la regraver intégralement sur un autre édifice, de marbre gris, en lettres plus grandes et plus visibles. Il existe ainsi deux exemplaires de la même liste.

2 Compléments d'époque hellénistique et impériale (extrait)
Recherches II, 204

(**A**) *Corn(elius) Stratokles*
 Titus Aur(elius) Leonas
 priest of Dionysos
 Flavius Vale-
 rius Paramonos
High-[priest ?].

(**B**) *Philippos son of Herodes*
 Persaios son of Apollonios
 Philippos son of Neikanor.

(**C**) *Parthenios son of Parthenios*
 Archeleos son of Heragoras
 Paramonos son of Paramonos.

(**D**)*P[- -]*

La seconde version de la Liste des archontes*, sur marbre gris, comprend une partie récapitulative (jusque vers 320 av. J.-C.), puis une partie additionnelle, qui fut complétée au fil des années, pendant l'époque hellénistique et le début de l'époque impériale. Vers le milieu du Iᵉʳ s. apr. J.-C., les Thasiens abandonnèrent le principe d'une gravure en colonnes régulières, mais continuèrent à graver les noms des archontes dans les espaces restés vacants. Cet état de dispersion, conjugué à la faible proportion de blocs conservés, complique encore la reconstitution de la chronologie pour cette époque. Il nous vaut toutefois quelques beaux exemples de juxtaposition de gravures très différentes, parfois espacées d'un siècle ou plus. Les triades **B** et **C**, contemporaines, datent de la seconde moitié du Iᵉʳ s. apr. J.-C. On y retrouve des noms anciens, connus depuis des générations. Les archontes de la triade de gauche (**A**), gravés dans un cadre décoratif d'origine romaine (*tabula ansata*), appartiennent au IIIᵉ s. apr. J.-C., une époque où il n'est pas rare que des titres supplémentaires soient indiqués, comme des prêtrises. Leurs noms révèlent qu'ils possédaient tous la citoyenneté romaine. En bas à droite du bloc figure la première lettre d'un autre nom, appartenant à une triade qui se développait sur des blocs adjacents.

3 Liste récapitulative des théores (extrait)
IG XII 8, 276, l. 4-12

À l'époque

  où les Trois Cent Soixante

  furent au pouvoir,

  voici ceux qui furent théores :

    Pamphilos fils d'Ithypolis

    Ilis fils de Dèïalkos

    Andrôn fils de Choirôn.

    Harpakos fils de Tynnos

    Spithamaios fils d'Alexidès

    Hippôn fils de Choirôn.

    Krinis fils d'Hègillos

    [- - - - - - - - - - - - - -]

Parallèlement à la Liste des archontes*, une Liste des théores* fut gravée sur l'agora, vers 360 av. J.-C. : un bloc en est exposé au musée (☞ salle 6). Comme

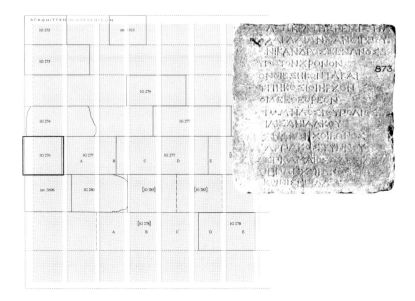

celle des archontes*, elle fut interrompue vers 320 et un second exemplaire fut gravé dans un lieu très fréquenté : le Passage dit « des théores », qui relie l'agora à l'Artémision et au Dionysion (★). C'est la mieux conservée des grandes listes thasiennes. Le présent extrait se situe dans la colonne 1, vers le milieu du VIᵉ s. av. J.-C. (en principe en ± 544-542). Fait exceptionnel, un intertitre livre un renseignement sur l'histoire politique interne : un nouveau régime, dit des « Trois Cent Soixante », était alors advenu, peut-être après la chute d'un tyran*. Aucune autre source ne nous éclaire sur cet épisode, mais la liste montre qu'à cette occasion, le collège des théores* passa à trois membres annuels, en se conformant au modèle des archontes.

4 Compléments d'époque hellénistique et impériale (extrait)
IG XII 8, 326

Aulus Seius Antigonos,
aussi appelé Périgénès.

Ktèsiphôn fils d'Aristokratès,
Posidônios fils d'Aristokratès

Némônios fils de Ktèsiphôn.
Seuthès fils de Théogénès

Dionysios
fils d'Amyntas.

La nouvelle Liste des théores* fut poursuivie après 320 av. J-C., pendant plusieurs siècles. Comme pour celle des archontes*, on ajouta d'abord des colonnes supplémentaires, puis la liste perdit à l'époque impériale son ordonnancement originel : les noms n'y étaient plus gravés en colonnes régulières, ni même par triades. Dans ce fragment de liste, daté vers le début du IIᵉ s. apr. J.-C., on observe les mêmes motifs décoratifs que sur les compléments tardifs à la Liste des archontes*. Les noms traditionnels restent nombreux, reflétant les valeurs ancestrales de l'aristocratie thasienne. Celle-ci avait cependant dû s'ouvrir, bon gré mal gré, à de nouveaux venus, notamment à de riches affranchis de familles romaines : telle était probablement la condition d'Aulus Seius Antigonos. Lui-même et Seuthès fils de Théogénès apparaissent également dans la Liste des archontes*, preuve que les mêmes personnages continuaient souvent d'assumer les deux charges. Némônios fils de Ktèsiphôn est le père d'un philosophe qui fut honoré par la cité (**30**).

Les premiers temps de la cité
(VIIe-Ve s. av. J.-C.)

La cité de Thasos fut fondée vers 670 av. J.-C. par des colons venus de l'île de Paros et attirés dans cette région par ses richesses minières. L'île était alors vraisemblablement occupée par des Thraces et portait le nom d'*Odônis* – peut-être lié à la tribu des *Édônes*. Comme dans toute entreprise coloniale archaïque, l'expédition fut conduite par un oikiste*, Télésiklès, obéissant à l'oracle de Delphes qui l'incitait à « fonder dans l'île brumeuse une ville qui se voie de loin ». Une vingtaine d'années plus tard, les Pariens envoyèrent à Thasos un second contingent, auquel appartenait le poète Archiloque, fils de Télésiklès. À leur origine parienne, les Thasiens doivent plusieurs éléments essentiels de leur identité : les principaux cultes, les institutions, les noms propres, etc. Nous ne savons presque rien des événements du VIIe et du VIe s. (**3**), mais on devine qu'en quelques générations, Thasos devint une cité prospère. Elle établit progressivement son hégémonie sur la côte située en face de l'île et prit le contrôle de ses ressources en or et en argent. Elle développa ses échanges commerciaux avec l'intérieur thrace et avec le reste du monde grec. Au début du Ve s., quand elle se soumit à l'autorité de Darius, Roi des Perses, elle possédait une flotte et un imposant rempart, et elle frappait un monnayage d'argent. Commence alors une période mouvementée de son histoire. En 480, Thasos accueillit les troupes de Xerxès, en marche pour conquérir la Grèce. Quelques mois plus tard, les Perses furent défaits ; en 477, Thasos adhéra, comme la plupart des cités de la mer Égée, à la Ligue de Délos, une alliance militaire dirigée par Athènes. Mais les relations entre alliés thasiens et athéniens ne tardèrent pas à

se dégrader. En 465, Thasos tenta d'échapper à l'hégémonie athénienne en se retirant de la Ligue. Elle fut assiégée et capitula au bout de deux ans, au prix de lourdes représailles : démantèlement du rempart, perte de la flotte et de la pérée*, modification des institutions. De 431 à 404, la Guerre du Péloponnèse opposa Athènes et Sparte. Thasos vécut alors des heures sombres, ballottée entre les deux camps : elle bascula du côté spartiate en 411, puis à nouveau en 405 ; la lutte des factions et les révolutions successives affaiblirent durablement la cité.

D'illustres visiteurs passèrent dans l'île entre le VIIᵉ et le Vᵉ s. – le poète Archiloque, les historiens Hérodote et Thucydide, le médecin Hippocrate – et nous fournissent des informations précieuses sur les événements politiques, le climat et les ressources de la cité. Mais c'est surtout l'épigraphie qui, par sa variété et son originalité, révèle les premiers développements de la cité. Les inscriptions thasiennes constituent un ensemble particulièrement riche pour la Grèce archaïque, composé de lois sur le commerce et sur l'ordre public, de règlements de culte et d'épitaphes. Jusque vers 420, ces textes sont écrits dans l'alphabet parien, hérité de la métropole et qui s'apparente, mis à part quelques variantes, à celui en usage dans la cité ionienne de Milet. Il n'existe pas encore, à l'époque considérée, de langue grecque commune, mais des dialectes différents selon les régions. À Thasos, on emploie le dialecte paro-thasien, qui appartient au groupe ionien.

5 Glaukos, le beau Parien, et la fondation de Thasos (fin du VIIᵉ s. ?)
☞ salle 6
BCH 79 (1955), p. 75-86

De Glaukos fils de Leptinès je suis le monument. M'ont élevé les fils de Brentès.

Cette inscription est la plus ancienne que l'on connaisse à Thasos. Le bloc qui la porte appartient à un monument funéraire encore visible sur l'agora, non loin du Passage des théores (★). Le texte, en alphabet parien, est gravé dans le style dit *boustrophèdon*, qui est une disposition caractéristique des inscriptions les plus anciennes : l'écriture va de gauche à droite, puis, à la ligne suivante, de droite à gauche, de même que dans le champ « tourne le bœuf qui trace le sillon ». Comme c'est l'usage à l'époque archaïque, le monument parle à la première personne. Le défunt est un personnage important de l'histoire thasienne : Glaukos appartient à la génération des fondateurs, célébrés comme des héros. Il prit part

à la seconde expédition des Pariens, en compagnie de son ami Archiloque – qui le décrit dans ses poèmes comme un homme « aux cheveux ornés de belles boucles » et vaillant au combat. Il tomba les armes à la main, peut-être face aux Thraces du continent. C'est pourquoi il reçut, vers 600 av. J.-C., l'honneur d'un cénotaphe dans un endroit clé, à l'avant d'une porte qui séparait peut-être la ville basse et la ville haute et qui, un siècle plus tard, fut incluse dans l'enceinte élargie. Le monument de ce fier guerrier conserva, jusqu'à une date avancée, son rôle de lieu de mémoire pour la communauté des Thasiens.

6 Akèratos, un grand personnage du VIᵉ s. (vers 550-530)
IG XII *Suppl.* 412

À Héraclès m'a consacré Akèratos, lui qui sur les Thasiens et les Pariens réunis fut le seul à assurer le commandement et qui, chargé de nombreuses missions au nom de sa cité, parcourut les nations des hommes – en témoignage de sa valeur éternelle.

L'auteur de cette consécration, Akèratos, est connu par deux autres inscriptions : la Liste des archontes (**1**) et une épigramme gravée sur son monument funéraire, une tour-phare élevée à l'entrée de la baie de Potamia, sur la côte orientale de l'île (★). Les dimensions imposantes de cette base (1,74 × 1,20 m) laissent deviner qu'elle portait une offrande prestigieuse, vraisemblablement une statue, consacrée à Héraclès. Le texte est rédigé en vers et emprunte des formules à la poésie épique pour louer l'action du dédicant. Akèratos conduisit des ambassades au nom de sa cité et assura également, peut-être lors d'une expédition sur le continent, le commandement de troupes composées de Pariens et de Thasiens – un fait dont il souligne le caractère exceptionnel. Son offrande est une marque de piété envers la divinité, mais aussi un geste d'ostentation. Héraclès était en effet le dieu tutélaire des Thasiens (**7** et **11**) et son sanctuaire constituait un endroit privilégié pour consacrer des offrandes, destinées à être vues et à rappeler le prestige du dédicant.

— 19 —

Les premiers temps de la cité (VIIᵉ-Vᵉ s. av. J.-C.)

Les fragments de sculpture et d'architecture trouvés à l'Hérakleion (★), que l'on peut admirer au musée (☞ salle 10), comptent parmi les plus beaux spécimens de l'époque archaïque à Thasos. Ils confirment la place centrale de ce sanctuaire dans l'urbanisme et la vie religieuse de la cité. Cette dédicace en est un exemple supplémentaire : le soin apporté à la gravure, le choix de la forme versifiée, le caractère monumental de la base font de l'offrande d'Akèratos, notable de la Thasos archaïque, une œuvre remarquable.

7 Un vase offert à Héraclès (2ᵉ moitié du VIᵉ s.)
M. LAUNEY, *Le sanctuaire et le culte d'Héraklès à Thasos*, *Ét Thas* I (1944), p. 91, n° 1

L'anse de cette amphore de table à vernis noir date du VIᵉ s. Elle fut découverte dans les fouilles de l'Hérakleion (★), dans l'édifice le plus ancien du sanctuaire, constitué de salles de banquet où l'on consommait la viande après le sacrifice. Elle porte une inscription dont le seul mot lisible, mutilé au début, est [AN]EΘHKE

([*an*]*ethèke*), un verbe conjugué à la troisième personne du singulier, qui signifie « [Untel] a consacré ». Le propriétaire du vase offrit certainement à Héraclès l'objet qu'il avait l'habitude d'utiliser au banquet. À l'époque archaïque les inscriptions sur pierre sont peu nombreuses : c'est pourquoi les inscriptions sur vases, que l'on appelle « graffites », sont instructives. Dans ces documents privés, les lettres ont quelquefois des formes qui ne sont pas employées dans les inscriptions officielles : ici par exemple, la deuxième lettre, *thèta* (Θ), n'a pas un point au centre (comme en **8** et **9**) mais une croix. Par leur variété (lettres, listes de courses, abécédaires, dédicaces, messages d'amour, etc.), les graffites nous font entrer dans la vie quotidienne des anciens Grecs.

8 Le chagrin d'une mère (vers 540-510)
IG XII 8, 395

> *De Thrasyklès fils*
> *de Pantagathos,*
> *la mère a élevé*
> *ce tombeau.*

Les nécropoles thasiennes s'étendaient en dehors de la ville, devant les portes et le long des routes qui en partaient. C'est de là que provient cette stèle funéraire qui marquait, à la fin du VIᵉ s., l'emplacement de la tombe de Thrasyklès, fils de Pantagathos. Le nom du jeune homme, qui évoque le courage (*thrasos*) et la renommée (*kléos*), suggère qu'il appartenait à une famille aristocratique. Malgré les dimensions modestes et l'écriture penchée, la stèle témoigne d'un soin particulier : le texte adopte la forme versifiée ; la mise en page de l'inscription ainsi que le lissage de la surface laissent penser qu'un

— 21 —

Les premiers temps de la cité (VIIᵉ-Vᵉ s. av. J.-C.)

décor était peint dans la partie supérieure. À ce fils mort avant l'heure, sa mère, dont le nom demeure inconnu, voulut ainsi offrir un dernier témoignage de son amour.

9 Ordre et propreté dans les rues de Thasos (vers 480-460) ☞ salle 7
H. DUCHÊNE, *La stèle du port, ÉtThas.* XIV (1992), p. 19-20, l. 23-49

(…) Depuis le sanctuaire d'Héraclès jusqu'à la mer, les épistates* veilleront à la propreté de la rue. On enlèvera ce qui sort (?) des habitations et ce qui est sur la rue, chaque fois que les magistrats l'ordonneront. Celui qui n'agira pas en quelque point conformément aux prescriptions devra verser une hektè* *par jour à la cité. Les épistates* procéderont au recouvrement et garderont la moitié pour eux-mêmes. Sur le toit des maisons (?) publiques qui sont dans cette rue, personne ne montera pour voir* (ou : être vu) *et aucune femme ne regardera* (ou : ne se montrera) *non plus par les fenêtres. Pour toute infraction, l'habitant devra verser chaque fois un statère* à la cité. Les épistates* procéderont au recouvrement et garderont la moitié pour eux-mêmes. Depuis la saillie du balcon, on ne fera pas couler d'eau dans cette rue. En cas d'infraction, on devra verser une demi-*hektè* *par jour, moitié à la cité et moitié aux épistates*. Les épistates* procéderont au recouvrement. – Depuis le sanctuaire des Charites jusqu'aux bâtiments abritant le bureau de change et la salle de banquet, et en suivant la rue qui longe le prytanée*, au milieu de cet espace, on ne jettera pas d'ordures et on ne fera pas le trottoir (?). Pour toute infraction, on devra verser chaque fois, aussi souvent que l'infraction sera commise, une demi-*hektè* *à la cité. Les épistates* procéderont au recouvrement et garderont la moitié pour eux-mêmes. Sinon, ils devront verser le double à Artémis Hécate.*

Ce règlement, exceptionnel par sa longueur et sa précision, contient des prescriptions relatives à l'utilisation de l'espace public. L'inscription, très usée par son séjour dans la mer, est écrite en alphabet parien et dans le style *boustrophèdon* (**5**). Quelque temps après la gravure, un passant indélicat incisa une tête casquée sur l'espace laissé libre en bas de la stèle. Le passage présenté concerne deux secteurs de la ville. Le premier est la rue qui va de l'Hérakleion (★) à la mer, en passant vraisemblablement par la Porte au Poisson (★). Le second est un espace délimité par le sanctuaire des Charites (ou Grâces), qui se trouve peut-être au Passage des théores (★), par certains bâtiments civiques et par la rue longeant le prytanée* : il pourrait s'agir de l'agora (★). Le règlement vise d'abord à lutter contre l'insalubrité, en empêchant toute forme d'empiètement sur le domaine public et en interdisant l'évacuation des eaux usées et le dépôt d'ordures dans les rues. Il cherche aussi à maintenir l'ordre public : on interdit de monter sur les toits et, pour les femmes, de « regarder » par les fenêtres ; cette clause, d'interprétation difficile, semble viser la prostitution et plus précisément le racolage. Comme toute cité grecque, Thasos avait le souci de bien marquer la différence entre les courtisanes et les femmes des citoyens. Un siècle plus tard, mus par le même souci, les Thasiens instituèrent des gynéconomes*, chargés de contrôler le comportement des épouses (**19**). Les épistates*, qu'on peut comparer à une police aux compétences élargies, sont ici chargés de faire respecter le règlement. Par ses indications topographiques, cette inscription permet par ailleurs d'entrevoir les grandes lignes du paysage urbain de Thasos au Vᵉ s.

10 Trois étapes sur la route autour de l'île (vers 450) ☞ salle 13
BCH 88 (1964), p. 267-287

> *De la ville jusqu'ici, en passant par Ainyra :*
> *13 660 orgyies (= env. 24,5 km).*
> *D'ici au Diasion situé à Démétrion :*
> *10 950 orgyies (= env. 20 km).*
> *Du Diasion jusqu'à la ville, en longeant*
> *la mer : 19[500 ?] (ou : 19[050 ?]) orgyies*
> *(= env. 34 km).*

23

Les premiers temps de la cité (VIIᵉ-Vᵉ s. av. J.-C.)

Cette borne était exposée dans le sanctuaire d'Apollon à Aliki (★), au Sud-Est de l'île. Elle indique, à partir du lieu où elle était implantée, les distances en orgyies (1 orgyie = env. 1,8 m) séparant des points de repère dans le territoire de Thasos. Ainsi se dessine un circuit long de 78 km environ : de la ville antique (l'actuelle Liménas) jusqu'à Aliki en passant par Ainyra (peut-être située à la sortie de la baie de Potamia) ; d'Aliki au Diasion (sanctuaire de Zeus), qui se trouvait au lieu-dit Démétrion ; et enfin du Diasion à la ville. Il s'agit d'un exemple tout à fait remarquable de borne indicatrice, l'une des plus anciennes connues dans le monde grec, bien antérieure aux milliaires qui jalonnèrent plus tard les voies de l'empire romain. L'inscription prouve que, dès l'époque archaïque, les Thasiens circulaient dans leur île, en empruntant un chemin jalonné de villages et de sanctuaires, à travers un territoire rural étroitement lié au centre urbain.

11 Comment sacrifier à Héraclès ? (vers 440-430)
IG XII *Suppl.* 414

> *À Héraclès Thasien, il n'est permis (de sacrifier) ni chèvre, ni porc ; il n'est pas permis non plus aux femmes (de participer) ; on ne prélève pas la neuvième part ; on ne découpe pas de parts d'honneur ; on ne célèbre pas de concours.*

Cette stèle fut trouvée en remploi aux abords du Passage des théores (★). Le texte emploie l'alphabet parien et la gravure adopte la disposition en damier appelée *stoichèdon,* que l'on rencontre souvent au vᵉ s. Ce règlement appartient à la catégorie des « lois sacrées », qui prescrivent les dispositions du culte à rendre à un dieu. Héraclès est une des divinités les plus anciennes et les plus importantes du panthéon thasien. Son sanctuaire, l'Hérakleion, bénéficia dès le vɪᵉ s. d'aménagements exceptionnels (**6**) et forma avec l'Artémision l'un des deux pôles autour desquels se structura l'urbanisme. Le fait que cette stèle n'ait pas été trouvée à l'Hérakleion, mais près de l'agora, pourrait indiquer qu'Héra-

clès disposait dans cette zone d'un second lieu de culte. Par des clauses négatives, le règlement résume les modalités du sacrifice à Héraclès « Thasien », qui sont différentes de celles pratiquées dans le grand sanctuaire : en particulier, on interdit de brûler la neuvième part de la victime, ce qui laisse penser qu'Héraclès était honoré dans cet endroit comme un dieu, et non comme un héros. S'il respecte ces dispositions, celui qui sacrifie ne risque pas de contrarier le dieu. Comme d'autres textes du même type, nombreux à Thasos, l'inscription montre que les autorités de la cité avaient le souci constant d'encadrer les pratiques cultuelles.

12 **Les familles thasiennes et leurs dieux (vers 450-430)** ☞ salle 10
BCH 89 (1965), p. 441-442, n° 1

(Borne du sanctuaire) de Zeus Alastoros Patrôios *(de la* patrè*) des* Phastadai

La communauté des citoyens thasiens était subdivisée en groupes de familles, appelés *patrai* et chaque *patrè* tirait son nom d'un ancêtre héroïque. Cette stèle a été trouvée à Evraiokastro (★), à la pointe Nord de la ville – un lieu identifié comme le sanctuaire de Déméter *Thesmophoros* et occupé aujourd'hui par une charmante chapelle. Dix autres stèles du même type y ont été découvertes. Chaque stèle marquait l'emplacement d'un enclos sacré, où la *patrè* rendait un culte à sa divinité protectrice. Les *Phastadai* se plaçaient sous la protection d'un Zeus « ancestral » (*Patrôios*) et « vengeur » (*Alastoros*). À la l. 2, le nom de Zeus n'est pas écrit ΔΙΟΣ (*Dios*, au génitif, cas de la possession : « de Zeus »), comme il le serait à Athènes et dans la plupart des cités grecques, mais ΔΙΩΣ (*Diôs*) avec un Ω (*oméga*), ce qui est un des traits caractéristiques de l'alphabet parien.

— 25 —

Les premiers temps de la cité (VIIe-Ve s. av. J.-C.)

Entre Athènes et la Macédoine
(*IVᵉ-IIᵉ s. av. J.-C.*)

La charnière entre le Vᵉ et le IVᵉ s. av. J.-C. constitue une rupture dans l'histoire de la cité. À partir de 411 et pendant plus de trente ans, les Thasiens se déchirèrent, les uns soutenant Athènes, les autres Sparte. La guerre civile, l'occupation étrangère et les coups d'État répétés entraînèrent une série de massacres et d'exils, puis de retours. La stabilité ne revint que vers 375 : à nouveau alliée des Athéniens, Thasos entreprit alors de se reconstruire, d'adopter des institutions démocratiques (sans doute moins radicales qu'à Athènes) et de restaurer son emprise sur le continent, qui était la clef d'un commerce florissant avec le monde thrace. Le nouveau monnayage d'argent aux types de Dionysos et Héraclès symbolise ce renouveau. Le IVᵉ s. est par ailleurs un âge d'or de l'épigraphie thasienne. Sur l'agora et dans les sanctuaires, on gravait alors en grand nombre des règlements, des contrats publics et des dédicaces. C'est le moment où les Thasiens conçurent leurs listes récapitulatives de magistrats (**1** et **3**), qu'ils complétèrent ensuite régulièrement. L'évolution de la forme des lettres, la disparition du style *stoichèdon* (**11**), l'adoption du grec attico-ionien (*koinè**), sont autant de critères permettant de classer chronologiquement les inscriptions de cette époque.

Après la victoire de Philippe II à Chéronée (338), l'hégémonie macédonienne s'établit durablement en Grèce du Nord, sous les rois argéades, puis antigonides. Thasos, alliée des Macédoniens, vit son importance politique et militaire décliner peu à peu. Elle n'en restait pas moins une cité prospère, grâce à ses exportations de vin vers la mer Noire et le reste du monde grec. En 197, en vainquant le roi Philippe V, les Romains mirent un coup d'arrêt à la puissance macédonienne. En 168, le Sénat finit par abolir la monarchie antigonide. Une vingtaine d'années

plus tard fut créée la province de Macédoine, avec Thessalonique pour capitale. Amie du Peuple Romain sans être rattachée à la province, Thasos vécut au IIᵉ s. av. J.-C. en lien étroit avec les nouvelles autorités. L'épigraphie thasienne de l'époque hellénistique est moins abondante et moins variée qu'auparavant : les listes de magistrats continuent d'être tenues à jour ; on grave encore des décrets, principalement à caractère honorifique, sur marbre et sur bronze ; une nouvelle catégorie de documents apparaît, celle des décrets de cités étrangères remerciant des Thasiens pour leurs bienfaits à leur égard. L'écriture, de plus en plus ornée, est ici encore un critère important de classement.

13 Théogénès, de l'athlète adulé au dieu guérisseur (vers 390-370 av. J.-C.) ☞ salle 10

A. *Recherches* I, 9

- *à Némée : boxe.*
- *à Némée : boxe.*
- *[à Némée] : boxe.*
- *[à Némée] : boxe.*
- *[à Némée] : boxe.*

B. *BCH* 64-65 (1940-1941), p. 163-200, nº 1

Que ceux qui sacrifient à Théogénès [martelage] déposent dans ce tronc, en guise d'offrande préalable, une somme qui ne soit pas inférieure à 1 obole. Que celui qui ne déposera pas l'offrande préalable comme prescrit ci-dessus en porte le remords sur la conscience. Que l'argent recueilli chaque année soit versé au trésorier des fonds sacrés. Que celui-ci le garde jusqu'à ce que 1 000 drachmes soient réunies. Quand la somme susdite aura été réunie, que le Conseil et le Peuple délibèrent pour déterminer en vue de quelle offrande ou de quelle construction elle sera dépensée en l'honneur de Théogénès [martelage].

Le boxeur Théogénès vécut au Vᵉ s. av. J.-C. (vers 500-430 ?). Aux yeux de ses compatriotes, il fut sans doute le plus grand Thasien de l'Histoire. Le personnage est difficile à cerner, car les documents le concernant sont postérieurs à son époque et donc sujets à caution. Le plus ancien d'entre eux est ce catalogue de victoires (**A**), gravé sur un monument de l'agora et réduit à quelques miettes. Un autre exemplaire, intact, a été découvert à Delphes. Il permet de reconstituer les parties ici manquantes et la présentation en trois ou quatre colonnes : nous savons que l'athlète remporta deux couronnes à Olympie, trois à Delphes, dix à l'Isthme de Corinthe, neuf à Némée, une à Argos – ce qui fit de lui une légende vivante. La gravure du catalogue se situe vers 390-370 : c'est l'un des derniers exemples thasiens du style *stoichèdon*, où les lettres sont alignées par files verticales. En ce début du IVᶜ s. av. J.-C., après le rétablissement de la concorde, les Thasiens choisirent de se rassembler autour de la mémoire de Théogénès. Ils allèrent même jusqu'à transfigurer l'athlète en un dieu, prétendu fils

d'Héraclès, et à fonder un culte en son honneur. Les fragments du catalogue ont été exhumés à proximité d'un autel circulaire (★) probablement consacré à Théogénès, à qui l'on prêtait des vertus guérisseuses. Près de l'autel a également été découvert un tronc à offrandes, sur lequel est gravé le règlement **B**, qui prescrit le tarif qu'il fallait acquitter pour sacrifier au dieu. Par son contenu, le règlement remonte peut-être au IVᶜ s. av. J.-C., mais l'écriture date du Iᵉʳ s. apr. J.-C. Il s'agit d'un exemple de regravure, qui prouve que le culte resta vivant jusqu'à l'époque impériale (**28**).

14 Décret en l'honneur des Braves (milieu du IVᶜ s. av. J.-C.)
BCH 131 (2007), p. 309-381 (*CITh* III, 5), l. 1-34

[Sous l'archonte Untel. À propos de ce sur quoi] les polémarques* [et les …? se sont présentés] devant le Conseil et le Peuple [au sujet de ? … (*lacune*)…] que l'agoranome* ne néglige rien [de …?], le jour où (les Braves) seront portés en convoi, avant que le convoi n'ait lieu ; que personne, d'aucune manière, ne manifeste son deuil à l'égard des Braves pendant plus de cinq jours ; que personne n'ait le droit de célébrer des rites funèbres ; sinon, qu'il en porte le remords sur la conscience et que les gynéconomes*, les archontes* et les polémarques* ne laissent pas faire, mais qu'ils aient chacun la capacité d'infliger les amendes prévues par les lois ; que les polémarques* et le secrétaire du Conseil inscrivent leurs noms, avec celui de leur*

— 29 —

Entre Athènes et la Macédoine (IVᵉ-IIᵉ s. av. J.-C.)

père, sur (la liste des) Braves, et que leurs pères et leurs enfants (mâles) soient invités, lorsque la cité sacrifiera aux Braves ; au nom de chacun d'entre eux (= des morts), que l'apodecte verse une somme égale à celle que l'on reçoit pour les détenteurs d'une dignité ; que leurs pères et leurs enfants (mâles) soient également invités à la place d'honneur dans les concours ; que l'organisateur des concours leur affecte un emplacement et fasse installer pour eux une estrade. Pour tous ceux d'entre eux qui auront laissé derrière eux des enfants, lorsque ceux-ci auront atteint leur majorité, que les polémarques* leur remettent : – s'ils sont de sexe masculin, à chacun des jambières, une cuirasse, un poignard, un casque, un bouclier, une lance, dont la valeur ne sera pas inférieure à 3 mines, dans les fêtes d'Héraclès lors du concours, et [qu'ils soient proclamés, avec le nom de leur père ?] ; – si ce sont des filles, [qu'on leur verse ?] pour leur dot [...] quand elles auront eu quatorze ans révolus [... (*lacune). Que ... avant] d'atteindre l'âge de [dix-huit ?] ans, [tous ceux des fils ?] de l'un de ceux qui sont morts [à la guerre ?] qui viendront se présenter, en tant que dépourvus de moyens de subsistance, devant le Conseil et le Peuple au sujet d'une allocation de subsistance, et (une fois que) les archontes* et les* apologoi*, *après avoir prêté serment, auront vérifié que ceux qui se sont présentés (devant le Conseil et le Peuple) sont bien dépourvus de moyens de subsistance, que les prytanes* les reçoivent et les introduisent (dans l'Assemblée), en mettant aux voix (une proposition conformément à laquelle) il sera attribué à chacun pas plus de 4 oboles. Que la dépense soit versée par l'apodecte*. (...)*

Cette stèle, partiellement reconstituée à partir de trois fragments, se dressait devant le prytanée* (★). Datée par l'écriture et la langue du milieu du IVe s. av. J.-C., elle porte un décret de l'Assemblée, qui illustre le fonctionnement des institutions politiques et militaires à l'époque classique. Les Thasiens étaient alors en guerre et avaient subi des pertes – vraisemblablement sur le continent, peut-être autour du lieu-dit Krénidès (360-356), site de la future Philippes (**16**). Le décret, proposé par les polémarques* (équivalents des stratèges athéniens), désigne les citoyens morts au combat sous le terme de « Braves » (*Agathoi*). Il organise en leur honneur des funérailles publiques et, à l'avenir, un sacrifice annuel de type héroïque. Il prend par ailleurs soin des orphelins de guerre : à leur majorité, les garçons recevront une panoplie lors de la fête d'Héraclès (**11**), tandis que les filles obtiendront une dot. Aux orphelins réduits à l'indigence, la cité prévoit même de verser une pension journalière de subsistance. Ces mesures exceptionnelles n'ont de parallèle connu qu'à Athènes et à Rhodes. Elles montrent que tout citoyen était aussi un soldat et avait le devoir de défendre sa cité en cas de danger. Elles laissent transparaître l'intensité du patriotisme thasien et un vrai sens de la solidarité parmi les citoyens.

31

Entre Athènes et la Macédoine (IVᵉ-IIᵉ s. av. J.-C.)

15 Une escouade de jeunes Thasiens en garnison (milieu du IVᵉ s. av. J.-C.)

SEG XXXII, 847

> **A.** *Aètès : radieux, joli, délicieux, plein de charme !*
> **B.** *Hèrophôn : en or !*
> **C.** *Myïskos (?) et Myïskos, qui aiment la joyeuse bande.*
> **D.** *Mon Myïskos à moi, délicieux !*
> **E.** *Myïskos, le Thasien d'argent !*

Avant de devenir membres de la communauté civique, les jeunes Thasiens – ou du moins une partie d'entre eux – devaient se préparer activement à leur métier de citoyen-soldat. Nous ne connaissons pas la palestre ni le gymnase où ils étaient formés, mais nous avons la trace épigraphique de leur présence dans la campagne. À l'extrême Sud de l'île, une tour

antique a été repérée, qui pourrait appartenir à un réseau de défense. Juste à côté s'ouvre une crique, où sont gravées des inscriptions en grandes lettres du IVᵉ s., sur la paroi du rocher. Elles célèbrent une douzaine d'individus pour leur beauté, dans une girandole de qualificatifs mi-érotiques, mi-goguenards, où fusent les voix et les rires d'une joyeuse troupe de camarades. Ces jeunes gens effectuaient peut-être un service militaire, comparable à l'éphébie athénienne, qui les tenait éloignés de leur lieu de vie habituel.

16 Une tour du port de guerre (vers 340 av. J.-C.)

CITh III, 99

> *Hèrakléodôros fils d'Aristonikos, Olynthien,*
> *notre proxène*, (a consacré) cette tour, cette exèdre* et*
> *ce portrait à tous les dieux, (en prélevant la dépense) sur le dépôt*
> *qu'il avait laissé auprès d'Archédèmos fils d'Histiaios.*

Sous le règne de Philippe II (360-336), l'expansion macédonienne bouleversa profondément la Grèce du Nord. Après s'être emparé d'Amphipolis en 357, puis de la pérée* thasienne (où il fonda Philippes en 356), le roi assiégea Olynthe en Chalcidique. L'épisode est bien connu, grâce aux *Olynthiennes* de Démosthène : au bout de trois ans de résistance, en 348, les Olynthiens capitulèrent, la ville fut rasée, les habitants dispersés. Hèrakléodôros était un notable de cette cité et il avait reçu le titre de proxène* des Thasiens : sa mission consistait à venir en aide, en cas de besoin, à tout Thasien séjournant à Olynthe. En 348, la situation s'inversa pour lui : il dut quitter sa patrie et vint mettre sa fortune en sécurité à Thasos. Quelques années plus tard, il offrit une partie de cet argent aux Thasiens pour renforcer leur système défensif face à Philippe II.

Son don permit de financer la construction d'une tour protégeant le port de guerre (★). Gravée en grandes et belles lettres, sur un bloc incurvé de la tour, la dédicace précise qu'Hèrakléodôros fit aussi ériger une exèdre* (**22**) et un portrait sculpté – vraisemblablement de lui-même. L'inscription conservait la mémoire d'un événement dramatique, que les contemporains identifiaient immédiatement, sans qu'il fût besoin de le nommer : la destruction d'Olynthe. Elle offre l'exemple intéressant, et précoce, d'un particulier agissant en bienfaiteur d'une cité – qui en l'occurrence n'était pas la sienne.

17 Le culte de Philippe Sauveur (vers 338-336 av. J.-C.)
BCH 139-140 (2015-2016),
p. 118-123

> *Du Roi Phili[ppe]*
> *Sauveur*

Ce modeste bloc appartient à un autel, comme l'indique la formule au génitif (**12**). Le propriétaire de l'autel n'est pas un dieu traditionnel du panthéon thasien, mais un « roi Philippe », qualifié de « Sauveur ». Le style des lettres appartient certainement à la seconde moitié du IVe s. av. J.-C. : le roi en question ne peut

— 33 —

Entre Athènes et la Macédoine (IVe-IIe s. av. J.-C.)

donc être que Philippe II de Macédoine. Longtemps alliés d'Athènes, victimes des conquêtes de Philippe sur le continent (**14**) et hostiles à sa politique d'expansion en Grèce du Nord (**16**), les Thasiens finirent par se rallier au roi de Macédoine après la bataille de Chéronée (338). Démosthène fait allusion à cet événement dans le discours *Sur la Couronne* et désigne un certain Aristoléôs comme le leader local des pro-macédoniens. Ce dernier figure à la même époque dans la Liste des théores*, avec son patronyme : « Aristoléôs fils de Mélissos ». La fondation d'un culte du souverain, peut-être encore de son vivant, est un signe éloquent du retournement politique de Thasos en faveur de la Macédoine, qui marque l'entrée dans l'époque hellénistique.

18 Un Thasien vainqueur à Delphes (vers 340-310 av. J.-C.)
Revue Archéologique 1948, p. 705-715 (*SEG* XVIII 359)

> *Théopompos fils de [Mélèsi]dèmos,*
> *(ayant été vainqueur) aux* Pythia *dans l'épreuve du bige.*

> *Praxias fils de Praxias, Athénien, a fait (la statue).*

Rien n'était plus prestigieux pour un Grec que de remporter la couronne dans un concours panhellénique. Au vᵉ s., le boxeur Théogénès, vainqueur à Olympie et à Delphes, fit la fierté de ses concitoyens (**13**). Après lui, le seul Thasien (à notre connaissance) qui ait remporté un pareil succès est Théopompos. Il n'était pas à proprement parler un athlète, mais le riche propriétaire d'un attelage de deux chevaux (« bige »), qu'il fit concourir aux épreuves de Delphes, dans le troisième quart du ivᵉ s. av. J.-C. Une grande base, trouvée dans l'agora (★), portait sa statue. L'inscription ne mentionne pas le Peuple de Thasos : le commanditaire du monument n'est donc autre, selon toute vraisemblance, que Théopompos lui-même, soucieux de sa gloire. Il se procura

à cet effet les services d'un sculpteur athénien de renom, Praxias, qui s'établit quelque temps à Thasos et à qui l'on a attribué d'autres œuvres de style attique trouvées sur place – en particulier le groupe de Dionysos accompagné de genres théâtraux personnifiés (☞ salle 12).

19 Offrande de gynéconomes* à Aphrodite (1er tiers du IIIe s. av. J.-C.) ☞ salle 6
CITh III, 77

Les gynéconomes* à Aphrodite :
Kleustratos fils de Polyklès,
Euxénidès fils de Diophantos,
Nossikas fils de Dèmotélès.

Les archontes* et les théores* ne sont pas les seuls magistrats qui aient laissé une trace épigraphique dans le paysage urbain (**1-4**). Une trentaine de bases comme celle-ci ont été découvertes sur l'agora et dans ses environs. D'après les traces d'encastrement au lit supérieur, elles portaient des statuettes de marbre. Les dédicaces indiquent qu'elles émanent de magistrats sortant de charge et adressant une offrande à une divinité. Dans cet exemple, qui date du début de l'époque hellénistique, trois gynéconomes* ont consacré un objet à Aphrodite – déesse de l'amour, mais aussi de la concorde entre citoyens. Les gynéconomes* avaient pour tâche de contrôler le luxe vestimentaire et le comportement des femmes dans l'espace public (**9** et **14**). Cette fonction n'est pas attestée dans toutes les cités grecques. Elle est caractéristique, aux dires d'Aristote, des cités à tendance aristocratique – parmi lesquelles il faut peut-être ranger Thasos.

35

Entre Athènes et la Macédoine (IVe-IIe s. av. J.-C.)

20 Épitaphe d'un esclave (1ʳᵉ moitié du IIIᵉ s. av. J.-C. ?)
L. ROBERT, *Hellenica* VII (1949), p. 152-153

Manès,
dévoué
à ses maîtres,
berger.

Trouvée au Sud de l'île, à Théologo (★), cette modeste stèle conserve la mémoire d'un esclave. Ces « invisibles » étaient nombreux dans toute cité, mais n'avaient ni personnalité juridique ni liens familiaux solides ni ressources, si bien qu'ils sont généralement absents des inscriptions. Thasos comptait certainement, elle aussi, une population servile importante, constituée de domestiques et d'ouvriers des champs et des mines. Manès (dépourvu de patronyme) gardait quant à lui un troupeau de moutons ou de chèvres. Ce n'est pas sa femme ni l'un de ses enfants, s'il en avait, qui fit le geste pieux de lui offrir une épitaphe, mais ses maîtres, vraisemblablement des citoyens thasiens, en reconnaissance des services rendus. À en juger par son nom, Manès n'était pas Grec. Il était venu d'Anatolie par les chemins de la traite – peut-être de Phrygie, qui est un pays de bergers. Privé d'éducation, il aurait probablement été incapable de lire sa propre épitaphe.

21 Les Milésiens honorent cinq juges thasiens (milieu du IIᵉ s. av. J.-C.)
CITh III, 118 + 119

(Décret) des Milésiens.

Il a plu au Peuple ; les prytanes* et les préposés à la défense ont fait la proposition : attendu que les Thasiens, qui sont parents et amis de notre cité et qui sont bien disposés à l'égard de

*notre peuple, ont envoyé comme juges des hommes de bien : [Untel fils d'Untel, Untel] fils de
Théophiliskos, Ép[i... fils d'Untel, etc.]*

(longue lacune)

*[..., Untel fils de ...]eidès et [Untel fils d'Untel pour avoir ...] les procès ; et de couronner
également le [secrétaire dépêché avec eux, Timoklei?]dès fils de Satyros d'une couronne de
feuillage pour avoir accompli la mission qui lui incombait de façon honorable et dévouée,
[avec tout le] soin [possible?]. Que celui qui est responsable d'organiser le concours se charge
des [...] qui seront proclamées (?) [...]*

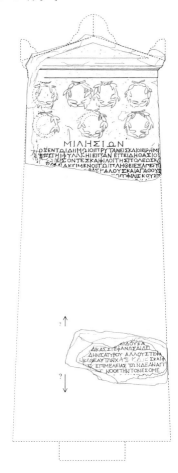

— 37 —

Entre Athènes et la Macédoine (IV*-II* s. av. J.-C.)

Le commerce, le goût du savoir ou les relations diplomatiques poussaient certains Thasiens à voyager et à séjourner à l'étranger. Inversement, et pour les mêmes raisons, des étrangers fréquentaient le port et la ville de Thasos. Les inscriptions révèlent que les Thasiens avaient une sorte de renommée internationale en matière de justice, car ils procurèrent à plusieurs reprises leurs services à des cités où les tribunaux étaient bloqués ou inefficaces. Les missions de « juges étrangers » illustrent l'intensité des échanges qui caractérise l'époque hellénistique. Une dizaine de cités, en particulier d'Asie Mineure, eurent ainsi recours à Thasos au IIe et au Ier s. av. J.-C. Elles octroyèrent des honneurs aux juges, une fois leur mission accomplie. Cette stèle fragmentaire, repêchée dans le port, doit provenir de l'agora (★). Elle porte un décret de Milet (« parente » de Thasos par leur origine ionienne commune) en l'honneur du Peuple des Thasiens, de cinq juges et d'un secrétaire – chacun recevant une couronne. Le style de gravure se situe vers 160-150 av. J.-C. Le rapprochement entre le fragment supérieur et le fragment inférieur est fondé sur l'écriture et sur certains indices matériels.

22 Dionysodôros, *un nouveau riche* de l'époque hellénistique (vers 130 av. J.-C.)
CITh III, 108 I

[… ambassadeurs envoyés (…)?] auprès de Lucius Aurelius, proconsul des Romains, (et que), une fois arrivés chez nous (= les Rhodiens), ils nous ont exposé que Dionysodôros fils de Pempidès, qui est votre concitoyen, mais qui a également obtenu la proxénie* chez nous, se préoccupa de leur sécurité et de leur audience auprès du proconsul et que, de même, il prit soin également de leur retour à Amphipolis, et que, de façon générale, dans toutes les occasions où ils eurent besoin de lui, il faisait preuve de la plus ardente sollicitude. Puisque donc il s'est conduit de façon dévouée envers ceux qui étaient envoyés par le Peuple, nous voulons témoigner auprès de vous également de l'excellence de cet homme et nous avons joint ci-dessous la copie du décret par lequel le Peuple lui a octroyé la proxénie*, afin que la proxénie octroyée par le Peuple soit aussi [conservée?] dans vos archives publiques.

Au Sud-Ouest de l'agora (★) sont alignées cinq exèdres* sur lesquelles se dressaient des portraits en bronze (**16**). Devant deux d'entre elles étaient fixées des stèles, portant des décrets de Rhodes, de Samothrace, d'Assos en Troade et de Lampsaque dans l'Hellespont, en l'honneur de Dionysodôros et d'Hestiaios de Thasos. Ces deux frères étaient peut-être armateurs et avaient des intérêts commerciaux aux quatre coins de la mer Égée. La présente lettre, adressée par les Rhodiens aux Thasiens vers 130 av. J.-C., fait l'éloge de Dionysodôros. Grâce à ses navires et à ses contacts, il fut d'un grand secours à des ambassadeurs rhodiens voyageant jusqu'à Thessalonique dans le but de rencontrer le gouverneur romain de la province de Macédoine. Ayant ainsi accumulé des honneurs, qui témoignaient de l'étendue de leurs relations internationales, les deux frères les firent graver à la vue de tous. Ils constituent un bon exemple des grands notables qui dominèrent peu à peu, par leur fortune et leur comportement ostentatoire, la vie des cités à la basse époque hellénistique. Comme sur les deux stèles exposées au musée (☞ salle 8), les lettres sont maniérées et ornées d'empattements (*apices*) : c'est un trait typique des inscriptions grecques à partir du IIᵉ s. av. J.-C.

39

Entre Athènes et la Macédoine (IVᵉ-IIᵉ s. av. J.-C.)

Dans l'orbite de Rome
(Iᵉʳ s. av. J.-C.-IVᵉ s. apr. J.-C.)

Dans les années 80 av. J.-C., Thasos fut prise dans la tourmente des guerres de Mithridate. Fidèle au parti romain, elle résista avec difficulté au siège des armées pontiques, alliées aux tribus thraces du continent. Le général romain Sylla récompensa la constance des Thasiens en confirmant la liberté et l'autonomie de la cité, ainsi qu'en favorisant la consolidation de son emprise territoriale sur le continent, avec le soutien des proconsuls* de Macédoine. La cité traversa avec moins de succès l'époque des guerres civiles romaines (48-31 av. J.-C.) : elle servit notamment de base arrière aux forces des Républicains Brutus et Cassius, au moment de la bataille de Philippes (42 av. J.-C.). À son issue, Antoine, de passage dans l'île, priva Thasos de certaines possessions territoriales et sans doute aussi de son statut de cité libre.

La disgrâce fut de courte durée : les privilèges furent rendus par Auguste, puis confirmés par Claude. L'époque julio-claudienne (27 av. J.-C.-68 apr. J.-C.) inaugura une paix durable. La cité connut une certaine prospérité, grâce à l'action d'une génération distinguée de Thasiens, qui portent dans les inscriptions le titre de *philokaisares kai philopatrides* (« amis de César et amis de la patrie »). Le centre monumental fut marqué par l'implantation du culte impérial, à l'agora et dans ses alentours, comme par un certain nombre de réparations ou de constructions de bâtiments publics et religieux, à l'initiative des mêmes personnages. C'est alors aussi qu'apparurent, en lien avec le culte impérial, les premiers combats de gladiateurs connus dans la région.

La suite de l'histoire thasienne est celle d'une cité qui s'efforçait de maintenir ses privilèges contre les ingérences des communautés voisines et contre celles des gouverneurs de la nouvelle province de Thrace, créée en 46 apr. J.-C., sous le règne de Claude. L'époque antonine (96-192) vit l'extension et la monumentalisation du centre civique, au Sud de l'agora, mais aussi la transformation du théâtre, désormais adapté à l'organisation de chasses et de combats de gladiateurs. Dans les années 210, un arc monumental fut consacré à l'empereur Caracalla sur l'axe principal de la ville, à proximité immédiate du sanctuaire d'Héraclès. Durant tout cette époque, et jusque dans le courant du IIIᵉ s., les cultes anciens restent attestés. La cité conserva également ses institutions les plus caractéristiques, mais devint toujours plus dépendante d'un groupe de notables influents, qu'elle para de nouveaux titres honorifiques : dédicaces, bases de statues et inscriptions funéraires regorgent de ces appellations pompeuses, comme « père de la cité » ou « fils du Conseil ».

Thasos semble avoir été affectée par d'importantes destructions dans la seconde moitié du IIIe s. Si les documents gravés se raréfièrent considérablement au IVe s., la cité antique n'en continuait pas moins d'exister et d'honorer les souverains de l'époque constantinienne. Le Ve s. fut marqué par la construction des premières basiliques chrétiennes, bâties en grande partie à l'aide de blocs des édifices publics de la ville antique, alors désaffectés.

23 Thasos sous le patronage d'un Romain (milieu du Ier s. av. J.-C.)
BCH 118 (1994), p. 118, n° 3 (*SEG* XLIV 706)

Le peuple (a honoré)
Sextus Pompeius, fils de Quintus,
patron par tradition ancestrale
de la cité.

Depuis la première moitié du IIe s. av. J.-C., Rome, devenue l'arbitre des affaires du monde grec, se posait en défenseur de la liberté des cités. Certaines d'entre elles, dont Thasos fit peut-être partie, bénéficiaient d'un traité d'alliance théoriquement égalitaire avec Rome. Toutes restaient cependant dépendantes des nouveaux maîtres de l'Orient, comme le révèle le titre de patron qu'elles accordaient à d'importants notables romains. Sextus Pompeius, patron des Thasiens, était probablement le fils de Quintus Pompeius, ami personnel de Cicéron et cousin du Grand Pompée. Nous ignorons tout des services qu'il rendit aux Thasiens, ses protégés. La base, découverte dans les eaux du port, était certainement dressée à l'origine sur l'agora toute proche. Sextus Pompeius est sans doute l'un des premiers Romains dont l'effigie fut dédiée par le Peuple thasien, sous la forme d'une statue de bronze. Le titre de patron « par tradition ancestrale » assure néanmoins que l'un au moins de ses ascendants avait auparavant fait bénéficier la cité de son appui. Il pourrait s'agir du Sextus Pompeius qui fut gouverneur de Macédoine en 119/8 av. J.-C. et mourut en combattant les Scordisques, barbares d'origine celtique établis en Thrace.

24 Le rempart, symbole de l'autonomie de la cité (début du Ier s. apr. J.-C)
IG XII 8, 391

> *Sôtas fils d'Euporos, ayant exercé la fonction*
> *d'apodecte*, a fait réparer*
> *la tour en prenant sur*
> *les surplus de la cité : 7 000 drachmes.*

À l'issue des guerres civiles, l'avènement du Principat* marqua, pour Thasos comme pour tout l'Orient, le début d'une longue période de paix. Le danger armé ayant été repoussé sur les marges de l'empire, aucune menace directe ne pesait plus sur la cité. L'utilité défensive du rempart s'en trouva très limitée. Aux yeux des Thasiens, le maintien en état de leur enceinte (**16**) représentait une marque de prestige et de prospérité. Il apparaissait aussi comme l'un des traits constitutifs – avec la persistance des lois ancestrales – de l'identité civique, celle

— 43 —

Dans l'orbite de Rome (Ier s. av. J.-C. -IVe s. apr. J.-C.)

d'une communauté libre et autonome au sein de l'empire romain. Au début du Iᵉʳ s. apr. J.-C., l'apodecte* Sôtas fut ainsi en mesure d'affecter 7 000 drachmes à la réfection d'une des tours du rempart, située en bordure Ouest de la ville (★). Autre signe d'un certain conservatisme, le montant des travaux était encore libellé en drachmes, unité de compte habituelle de la cité depuis le Ivᵉ s. av. J.-C., alors même que le denier romain, depuis les années 40 av. J.-C., s'imposait comme la seule monnaie d'argent en circulation.

25 La prêtresse Kômis et les débuts du culte impérial (14-29 apr. J.-C.) ☞ *in situ* (agora)
BCH 130 (2006), p. 499-513, n° 1 (*SEG* LVI 1020)

La prêtresse de la divine Iulia Augusta,
Kômis fille de Stilbôn, épouse d'Hikésios fils d'Aristoklès,
(a consacré) pour toute la maison de celle-ci.

La clémence d'Auguste à l'égard de Thasos, après l'épisode malheureux de la bataille de Philippes, concourut à l'établissement précoce d'honneurs cultuels envers le fondateur du Principat* et les membres de sa famille. Son épouse Livie, en particulier, fit l'objet d'un culte sous le nom de Iulia Augusta. L'inscription est postérieure à l'adoption de Livie dans la *gens* Iulia en 14 apr. J.-C., et antérieure à sa mort en 29. Celle-ci reçut ainsi des honneurs divins de son vivant à Thasos, selon une pratique étrangère à Rome – où Livie ne fut divinisée que sous le règne de Claude –, mais courante en Orient. En tant qu'épouse du défunt Auguste et mère du nouvel empereur, Tibère, Livie incarnait la figure tutélaire de la maison

impériale (*domus Augusta*). La prêtresse Kômis appartenait à une importante famille locale : Stilbôn, son père, avait financé des réparations au sanctuaire d'Artémis ; Hikésios, son époux, fait partie de cette génération d'archontes* ayant porté le titre de *philokaisar kai philopatris*. L'inscription de Kômis, gravée sur le mur arrière du grand portique Nord-Ouest de l'agora, dominait une exèdre*, dont elle constituait la dédicace (★). Ce monument supportait probablement un groupe de statues à l'effigie des membres de la famille de Livie. L'exèdre* et la cour à portique qui l'encadrait, en bordure de la

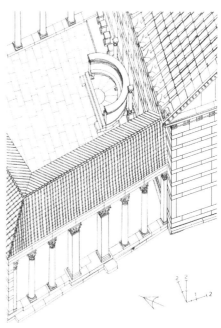

rue menant du port aux propylées de l'agora, constituèrent l'un des premiers foyers du culte impérial à Thasos.

26 Le sarcophage de Pythiôn et d'Épikydilla, archontes et gens de bien (Ier s. apr. J.-C.) ☞ cour du musée

Revue des études anciennes 61 (1959), p. 273-299

Voici le tombeau que Pythiôn fils d'Hikésios a fait élever pour lui-même et pour son épouse Épikydilla fille d'Épikydès. Il l'épousa alors qu'il avait dix-huit ans

— 45 —

Dans l'orbite de Rome (Ier s. av. J.-C. -IVe s. apr. J.-C.)

et qu'elle en avait quinze ; en cinq décennies de vie commune, ils maintinrent
sans interruption la noble concorde de leur amour ; ils furent parents d'enfants
qui devinrent parents à leur tour, exercèrent deux fois l'archontat pour le bien
de leurs concitoyens, gens de bien parmi les vivants, bienheureux parmi les
morts. Si quelqu'un dépose ici un autre corps, qu'il soit passible d'une amende
de 12 000 (statères ?) envers la patrie.

Le début de l'époque impériale vit la multiplication des sarcophages inscrits, prisés des plus éminentes familles de la cité, qui trouvaient dans l'érection de ces imposants tombeaux un moyen supplémentaire de se distinguer. Certaines inscriptions y prenaient la forme d'épigrammes versifiées : c'est le cas du sarcophage de Pythiôn et de son épouse Épikydilla, découvert à l'Ouest de la ville antique, en bordure de mer (★). Outre la longévité d'un amour conjugal, cette inscription fait apparaître une particularité institutionnelle de l'époque. Les deux époux avaient été l'un et l'autre archontes*, au moins une fois, peut-être même deux fois chacun. La raréfaction des candidats en mesure d'assumer la charge financière de la magistrature éponyme eut pour effet qu'il devint courant de la revêtir deux fois, contrairement au principe qui prévalait dans les siècles antérieurs. Quelques exemples attestent également que des femmes purent accéder à l'archontat, au moins en titre. La famille de l'époux, où les noms de Pythiôn et d'Hikésios alternent de père en fils, fait preuve d'une remarquable longévité dans l'épigraphie thasienne, sur plus de deux siècles : alors qu'un Hikésios fils de Pythiôn avait été ambassadeur auprès des autorités de la province de Macédoine dans les années 40 av. J.-C., d'autres membres de la même lignée figurent dans des collèges d'archontes* du Ier et du IIe s. apr. J.-C.

27 Conflit d'intérêts sur le continent : lettre d'un gouverneur de Thrace aux Thasiens (69-79 apr. J.-C.)
Recherches II, 186

L(ucius) Vinuleius Pataecius, procurateur de l'empereur César Vespasien Auguste, aux magistrats, au Conseil et au Peuple de Thasos, salut. Je vous ai rendu justice vis-à-vis de la colonie, et vous avez reçu l'argent qui vous était dû. À l'avenir, je vous dégage des frais de vehiculatio, *à l'exception de ceux qui concernent la traversée de votre propre territoire. Par ailleurs, les décisions qu'a prises par le passé le très éminent L(ucius) Antonius ne pouvaient être remises en cause. Je vous ai accordé un soldat ; quant aux bornes, je les placerai lorsque je me rendrai sur place, et vous n'aurez à souffrir d'aucun préjudice. J'ai en effet un très vif désir de rendre service à tout le monde [en Thrace ?], et en particulier à vous.*

Gravée sur les parois de l'édifice qui portait aussi la Liste des archontes*(**1-2**), cette lettre du gouverneur de Thrace L. Vinuleius Pataecius, datée du règne de Vespasien (69-79 apr. J.-C.), évoque un conflit qui opposa Thasos à la colonie

— 47 —

Dans l'orbite de Rome (Iᵉʳ s. av. J.-C. -IVᵉ s. apr. J.-C.)

romaine de Philippes, fondée après la bataille de 42 av. J.-C. L'objet en était le service de la *vehiculatio*, c'est-à-dire le transport des agents du pouvoir romain que les cités étaient tenues de prendre en charge sur les axes de communication qui traversaient leur territoire. Profitant d'un litige frontalier ancien, qui avait déjà nécessité une intervention du pouvoir romain, la colonie avait abusivement fait payer aux Thasiens les frais de transport pesant sur un axe de circulation qu'il faut identifier avec la *via Egnatia* : au travers de la Macédoine et de la Thrace, celle-ci permettait de relier l'Italie à l'Asie Mineure. Ce document capital révèle la persistance, sous l'empire romain, d'une pérée* thasienne dont les contours sont mal connus, mais qui jouxtait le territoire de Philippes et était traversée par la *via Egnatia*. Il montre également qu'une cité libre pouvait faire valoir ses droits auprès du gouverneur de province et obtenir gain de cause face à une colonie romaine d'une province voisine.

28 Dédicace d'un soldat à Théagénès (1ʳᵉ moitié du IIᵉ s. apr. J.-C.)
BCH 91 (1967), p. 579, nº 26

> C(aius) Fabricius Iustus
> a consacré au dieu
> ancestral Théagénès
> l'ex-voto promis par son
> père P(ublius) Fabricius
> Iustus, alors en campagne,
> en signe de reconnaissance.

Cette petite stèle de marbre à la gravure élégante peut être datée dans la première moitié du IIe s. apr. J.-C. Elle témoigne de la faveur conservée par le culte de Théogénès (**13**), désormais honoré sous le nom de Théagénès. L'épithète « ancestral » insiste sur le caractère thasien du dieu, peut-être parce que l'ex-voto fut promis loin de la cité par un militaire en campagne, avant d'être consacré par son fils. Pour ce soldat, l'espoir de revoir sa patrie devait être incertain, et la tentation de remettre son sort entre les mains de l'athlète guérisseur d'autant plus importante. L'auteur de la dédicace, P. Fabricius Iustus, comme son fils, C. Fabricius Iustus, étaient des citoyens romains au nom tout latin : leur origine est probablement à chercher du côté de Philippes, où le gentilice *Fabricius* est attesté beaucoup plus tôt dans l'histoire, avant même la création de la colonie. Que les *Fabricii* aient été implantés ou non à Thasos, la dédicace illustre la renommée du dieu Théagénès auprès de citoyens romains imprégnés de culture grecque.

29 Un autel pour Hadrien (129-137 apr. J.-C.) ☞ salle 8
IG XII *Suppl.* 440

> *À l'empereur*
> *César*
> *Hadrien Auguste,*
> *Olympien,*
> *sauveur et fondateur,*
> *et à Sabine*
> *Augusta,*
> *nouvelle Héra.*

Découvert dans le secteur de l'odéon (★), au cœur de l'extension du centre monumental de la Thasos romaine, cet autel, orné d'un motif de guirlande avec rosettes et bucranes, est consacré à l'empereur Hadrien (117-138) et à son épouse Sabine. Il obéit à un formulaire stéréotypé, très courant dans l'ensemble du

49

Dans l'orbite de Rome (Ier s. av. J.-C. -IVe s. apr. J.-C.)

monde grec, où la faveur de l'empereur philhellène fut considérable. À Thasos même, deux autres autels inscrits du même type ont été découverts, ainsi qu'une base inscrite et une statue plus grande que nature. L'épithète *olympios*, portée par Hadrien depuis 128/9, est caractéristique de Zeus, auquel l'empereur est assimilé. Par contagion, Sabine est identifiée à la déesse Héra, épouse de Zeus. Les qualificatifs de « sauveur » (17) et de « fondateur » ne répondent pas nécessairement à un bienfait particulier envers la cité, bien que le règne d'Hadrien ait été favorable à Thasos : il vit, en particulier, la reprise du monnayage local, où figurait le portait de l'empereur, après un siècle et demi d'interruption.

Ces titres témoignent plus généralement de l'action d'Hadrien envers la Grèce : il fut notamment le fondateur du *Panhellénion*, une sorte de congrès des cités de l'Orient romain, auquel les Thasiens adhérèrent. À cette occasion, ceux-ci dédièrent au siège de l'organisation, à Athènes, une statue de l'empereur.

Thasos : dix siècles gravés dans le marbre

30
Un philosophe thasien honoré par la cité
(milieu du IIᵉ s. apr. J.-C.) ☞ cour du musée

BCH 118 (1994), p. 408-410, nᵒ 1 (*SEG* XLIV 704)

La patrie (a honoré)
Ktèsiphon
fils de Némônios,
le philosophe.

L'époque antonine fut marquée, dans l'Orient romain, par un renouveau de la philosophie connu sous le nom de Seconde Sophistique. Thasos fournit au moins un représentant de cette nouvelle vague : le philosophe Ktèsiphôn, dont la cité consacra une statue de bronze, dressée à l'origine sur la base inscrite retrouvée dans les eaux du port (**21** et **23**). Philosophes et rhéteurs étaient alors des personnages publics, dispensant un enseignement, faisant office de conseillers ou de porte-parole de leur cité, s'impliquant même dans le jeu des magistratures, quand ils n'étaient pas protégés par des exemptions. Nous ignorons tout de la pensée de Ktèsiphôn, dont aucune œuvre ni aucun discours n'a été conservé.

Nous ne savons pas non plus si sa popularité dépassa les frontières de la cité. À Thasos même, la position sociale de sa famille contribua sans doute à sa renommée : sa mère, Kômis, avait elle-même été honorée d'une statue par la cité ; son père, Némônios fils de Ktèsiphon, fut théore* (**4**). Il est probable que Ktèsiphôn exerça lui-même une ou plusieurs magistratures importantes, même si les sources font défaut. Nous ne connaissons que son épitaphe, où sa qualité de philosophe, la plus marquante de son existence, est seule rappelée.

─ 51 ─

Dans l'orbite de Rome (Iᵉʳ s. av. J.-C. -IVᵉ s. apr. J.-C.)

31

Une femme en vue : Flavia Vibia Sabina (1ʳᵉ moitié du IIIᵉ s. apr. J.-C.)

IG XII 8, 389

> À la Bonne Fortune.
> La Gérousie (a honoré)
> Fl(avia) Vibia Sabina,
> la très honorable
> grande prêtresse et, par
> tradition ancestrale, son incom-
> parable mère,
> la seule
> et la première de
> tout temps à jouir
> d'honneurs égaux
> à ceux des membres de la Gérousie.

Thasos : dix siècles gravés dans le marbre

Cette base de marbre, primitivement accolée à l'arc dédié à Caracalla (★), dévoile une série de mutations de la société thasienne au IIIᵉ s. apr. J.-C. L'une d'elles est l'apparition de la Gérousie* : ce corps aristocratique des anciens de la cité, composé sur des critères d'âge mais certainement aussi de fortune, avait la capacité d'émettre seul des décrets. C'est ainsi que fut décidée l'érection d'une statue de Flavia Vibia Sabina, « mère de la Gérousie » : le titre est caractéristique des nombreuses distinctions officielles conférées alors à des notables, souvent de manière héréditaire. Il venait en contrepartie de bienfaits dispensés par Sabina elle-même et par sa famille à la Gérousie. Cette distinction lui valut de recevoir des honneurs égaux à ceux des membres masculins de ce conseil. L'importance accrue des femmes dans la société est un autre trait marquant : Sabina est honorée seule, sans que ne soient mentionnés ni le nom de son mari, ni celui de son père. Dotée d'une plus grande autonomie, la femme n'était plus seulement louée pour ses qualités morales, sa piété, sa vertu, son amour conjugal (**27**), ni pour les bienfaits accordés à la cité par sa famille, mais pour sa propre position : l'office de grande-prêtresse faisait d'elle une figure locale, présidant aux cérémonies du culte impérial, probablement aussi à l'organisation des combats de gladiateurs, qui incombait aux grands-prêtres. Sabina porte un nom entièrement latin. Une branche au moins de sa famille était originaire de Philippes, où les *Vibii* appartenaient à l'élite municipale. L'inscription de Thasos rend manifeste une certaine porosité entre les aristocraties des deux communautés.

53

Dans l'orbite de Rome (Iᵉʳ s. av. J.-C. -IVᵉ s. apr. J.-C.)

32 La piété des gladiateurs : dédicace à Némésis au théâtre (IIIᵉ s. apr. J.-C.)

☞ salle 12

IG XII 8, 371

Euhèmé-
ros fils de Dio-
nysios
à Némésis,
ex-voto.

Gravée sur un pilier du bâtiment de scène du théâtre (★), cette dédicace à la déesse Némésis, exécutrice de la justice divine, illustre une pratique cultuelle en plein développement à l'époque impériale dans le monde du théâtre et des spectacles. L'inscription est surmontée d'un relief votif qui faisait saillie dans une niche creusée à même le pilier. La surface en a été volontairement martelée : on devine néanmoins qu'il représentait la déesse debout de face, drapée, en appui sur la jambe droite, tenant de la main gauche la coudée, symbole de mesure. La déesse Némésis était vénérée en particulier par les gladiateurs combattant au théâtre : telle était certainement la condition d'Euhèméros et des autres commanditaires de la série de reliefs et de dédicaces consacrés à Némésis qui fut découverte à proximité de l'édifice. Dès le milieu du IIᵉ s. apr. J.-C., le théâtre avait subi des transformations architecturales qui le rendaient apte à accueillir des combats de gladiateurs, comme à Philippes et à Maronée. Un couple de riches Thasiens avait dédié à Arès, à tous les dieux et à la cité la construction d'une haute balustrade de marbre semi-circulaire, séparant l'*orchestra** des gradins : les spectateurs se trouvaient ainsi à l'abri de la fureur des hommes qui, au moment de s'affronter, remettaient leur sort entre les mains de la déesse Némésis.

33

Base de statue pour le tétrarque Constance II
(324-337 apr. J.-C.) ☞ *in situ* (agora)
Recherches II, 357

> *À la bonne fortune.*
> *Notre très grand*
> *et très divin maître,*
> *le très noble*
> *César Flavius*
> *Valerius*
> *Constance,*
> *la cité des Thasiens (l'a honoré).*

Cette base de statue, brisée puis remployée avec d'autres bases pour des empereurs dans un mur de fortune coupant l'espace de l'ancienne agora, est l'un des très rares monuments inscrits du IVᵉ s. apr. J.-C. découverts à Thasos. Obéissant à une terminologie très codifiée, l'inscription honore Constance II, deuxième fils de l'empereur Constantin, qui porte le titre officiel de César. Dans le système initial de la tétrarchie, fondé par Dioclétien à la fin du IIIᵉ s. pour assurer un meilleur contrôle de l'empire, deux Augustes, souverains en titre, gouvernaient l'un l'Occident, l'autre l'Orient, avec l'aide de deux Césars, appelés à leur succéder. Constance II, élevé au rang de César en 324, conserva ce titre jusqu'à la mort de son père en 337, date à laquelle il accéda à l'Augustat avec ses frères. Il régna jusqu'à sa mort en 361, d'abord en Orient, puis sur l'ensemble de l'empire. Le principal intérêt de l'inscription est de révéler que, dans un empire en cours de christianisation, l'antique cité des Thasiens restait une entité vivante, en dépit d'un déclin prononcé. Alors même qu'elle avait subi des destructions importantes, l'agora faisait encore office d'espace de représentation publique, où l'on conservait l'habitude d'ériger les statues des maîtres de l'empire.

— 55 —

Dans l'orbite de Rome (Iᵉʳ s. av. J.-C. -IVᵉ s. apr. J.-C.)

Conclusion

Les inscriptions présentées dans les pages précédentes illustrent la diversité et la richesse de la documentation épigraphique, qui font de Thasos, après un siècle d'exploration archéologique, l'une des cités les mieux connues du monde grec antique. Entières ou fragmentaires, modestes épitaphes ou longs règlements publics, les inscriptions donnent corps à une histoire millénaire, dont les sources littéraires ne livrent, en pointillé, que la ligne directrice. Elles révèlent les cadres ordinaires de la vie en communauté – organisation politique, règlements cultuels ou économiques. Elles font sortir de l'anonymat plusieurs milliers d'individus, avec leurs familles, leurs alliances matrimoniales, leurs choix de carrière et leurs stratégies de différenciation sociale.

Beaucoup d'inscriptions ont été remployées ou détruites à la fin de l'Antiquité. D'autres, toujours enfouies sous la ville moderne, ne seront probablement jamais mises au jour. Fût-il entièrement réuni, cet exceptionnel ensemble ne livrerait encore qu'une vue biaisée et partielle de la société thasienne : par nature, décrets honorifiques, bases de statues, dédicaces ou listes de magistrats mettent en avant les représentants des couches supérieures, ceux qui occupent les principales fonctions civiques et possèdent les grands domaines de production. Toute une part de la population reste dans l'ombre : citoyens les plus modestes, esclaves, affranchis, travailleurs de la ville et surtout du territoire, dans les carrières ou sur les exploitations agricoles. Leurs aspirations, leur mode de vie, leurs croyances et tout ce qui constitue une culture populaire nous échappent presque complètement. Mais d'autres sources archéologiques peuvent éclairer les usages du quotidien, révélant ainsi des pans méconnus de cette histoire silencieuse.

Lexique

Agoranome : magistrat responsable des transactions commerciales sur l'agora et de l'espace public.

Apodecte : à Thasos, magistrat en charge de la caisse publique.

Apologoi : à Thasos, magistrats (7) chargés des affaires judiciaires.

Archontes : à Thasos, magistrats (3) chargés de hautes responsabilités exécutives et détenant la fonction éponymique, par laquelle ils donnent leur nom à l'année.

Épiclèse : qualificatif adjoint au nom de la divinité et utilisé dans le culte. Ex : Héraclès *Thasios* (« Thasien »).

Épistates : à Thasos, magistrats (4, puis 6) chargés d'appliquer les amendes et les peines.

Exèdre : banc de marbre en demi-cercle.

Gérousie : conseil des Anciens, apparu dans la plupart des cités grecques à l'époque impériale romaine.

Gynéconomes : magistrats (3) chargés du contrôle des femmes.

Hektè : fraction monétaire thasienne, en vigueur au VIe et au Ve s., valant ⅙ de statère*.

Koinè : forme commune du grec, inspirée du dialecte attique, et répandue dans toutes les cités à partir de l'époque hellénistique.

Oikiste : chef d'une expédition coloniale, chargé de fonder une nouvelle cité.

Orchestra : dans un théâtre, aire plane de terre battue, située entre les gradins et le bâtiment de scène, primitivement dévolue aux évolutions des artistes.

Pérée : zone littorale contrôlée, politiquement et économiquement, par une cité insulaire.

Polémarques : à Thasos, magistrats (5) chargés de la défense.

Principat : régime politique fondé par Auguste en 27 av. J.-C., reposant sur le pouvoir personnel du prince ; il reste en vigueur dans l'empire romain jusque dans les années 280 apr. J.-C.

Proxène : citoyen d'une cité (A) officiellement chargé par une autre cité (B) de veiller aux intérêts des ressortissants de la cité B quand ils séjournent dans la cité A ; la proxénie est à la fois une fonction et un honneur.

Prytanée : édifice abritant le foyer de la cité, où étaient entretenus les magistrats, les citoyens méritants et les hôtes officiels.

Prytanes : à Thasos, Milet, etc., magistrats ou commissaires chargés de présider les séances du Conseil et de l'Assemblée.

Statère : unité monétaire thasienne de référence, valant 6 *hektès* au VIe et au Ve s. et 4 drachmes à partir du IVe s.

Théores : à Thasos, magistrats (3) chargés de superviser les cultes et les sanctuaires.

Tyran : personnage exerçant seul le pouvoir politique dans une cité ; la tyrannie est un régime caractéristique de l'époque archaïque.

Pour aller plus loin

On trouvera dans l'introduction la liste des *corpus* où ont été publiées les inscriptions de Thasos.

P. Brun, *Hégémonies et société dans le monde grec. Inscriptions grecques de l'époque classique* (2017).

H. Duchêne, *Fouilles du port I. La stèle du port : recherches sur une nouvelle inscription thasienne*, ÉtThas XIV (1992).

J. Fournier, P. Hamon, « Les orphelins de guerre de Thasos : un nouveau fragment de la Stèle des Braves (*ca* 360-350 av. J.-C.) », *BCH* 131 (2007), p. 309-381.

J. Fournier, P. Hamon, N. Trippé, « Cent ans d'épigraphie à Thasos (1911-2011) », *REG* 124 (2011), p. 205-226.

J. Fournier, « Entre Macédoine et Thrace : Thasos à l'époque de l'hégémonie romaine », dans M.-G. Parissaki (éd.), *Thrakika Zetemata* 2. *Aspects of the Roman province of Thrace*, *MEΛΕΤΗΜΑΤΑ* 69 (2013), p. 11-63.

Y. Garlan, *Vin et amphores de Thasos*, SitMon V (1988).

Y. Grandjean, Fr. Salviat (dir.), *Guide de Thasos*, SitMon III (2000)[2].

Y. Grandjean, *Le rempart de Thasos*, *ÉtThas* XXII (2011).

P. Hamon, « Études d'épigraphie thasienne, IV. Les magistrats thasiens du IVe s. av. J.-C. et le royaume de Macédoine », *BCH* 139-140 (2015-2016), p. 67-125.

Institut F. Courby, *Nouveau choix d'inscriptions grecques* (1971 ; rééd. avec un complément bibliographique par G. Rougemont et D. Rousset, 2005).

J.-Y. Marc, « Urbanisme et espaces monumentaux à Thasos », *REG* 125 (2012), p. 3-17.

A. Muller, « Les minerais, le marbre et le vin. Aux sources de la prospérité thasienne », *REG* 124 (2011), p. 179-192.

A. Muller, D. Mulliez, *Cent ans de fouilles françaises à Thasos, 1911-2011*, *Patrimoine photographique* 1 (2012).

O. Picard, « Un siècle de recherches archéologiques à Thasos : l'apport de la monnaie », *CRAI* 2011, p. 1135-1159.

J. Pouilloux, *Choix d'inscriptions grecques* (1960 ; rééd. avec un complément bibliographique par G. Rougemont et D. Rousset, 2003).

Fr. Salviat, « Les colonnes initiales du catalogue des théores et les institutions thasiennes archaïques », dans *Thasiaca*, *BCH Suppl.* V (1979), p. 107-127.

Thasos : dix siècles gravés dans le marbre

Légendes des figures

Sauf indication contraire, les photographies ont été réalisées par Ph. Collet (EFA)

Plan 1 — Carte de l'île : les sites mentionnés au cours de l'ouvrage sont marqués d'une étoile (EFA, M. Wurch-Koželj, modifications N. Trippé).

Plan 2 — La plaine de Thasos et le site de la ville antique, avec les lieux de trouvaille des inscriptions (EFA, J.-S. Gros, modifications N. Trippé).

p. 2-3 — Vue du site de Liménas en 1912, depuis la cime méridionale de l'acropole (EFA, cliché 1912).

p. 6-7 — Le Passage des théores, vu du Sud (EFA, cliché B. Holtzmann, 1982).

p. 10 — Plan de l'agora dans son état de l'époque impériale (EFA, N. Trippé, C. Guillaume, relevé L. Fadin).

p. 11 — Restitution de la Petite Liste des archontes (EFA, P. Hamon, M. Wurch-Koželj) et emplacement de l'inscription **1**.

p. 12 — Inscription **2** : collèges d'archontes du Ier au IIIe s. apr. J.-C.

p. 14 — Restitution de la Grande Liste des théores (EFA, P. Hamon, M. Wurch-Koželj) et emplacement de l'inscription **3** (Musée du Louvre, droits réservés).

p. 15 — Inscription **4** : collèges de théores du IIe s. apr. J.-C. (Musée du Louvre, droits réservés).

p. 16-17 — Relief de la Porte du Silène, vers 500 av. J.-C. (EFA, cl. P. Hamon).

p. 17 — Statère d'argent de la série au Silène et à la Ménade, 412-404 av. J.-C. (EFA, cliché O. Picard).

p. 19 — Inscription **5** : inscription du monument de Glaukos sur l'agora, vers 600 av. J.-C.

p. 20-21 — Inscription **6** : consécration d'Akèratos à Héraclès, vers 550-530 av. J.-C.

p. 20 — *Mnèma* d'Akèratos au cap Pyrgos (EFA, cliché N. Trippé).

p. 20 — Inscription **7** : graffite sur un vase provenant de l'Hérakleion, 2nde moitié du VIe s. av. J.-C.

p. 21 — Inscription **8** : épitaphe de Thrasyklès, vers 540-510 av. J.-C.

p. 22 — Inscription **9** : règlement de voirie, vers 480-460 av. J.-C. (relevé T. Koželj, EFA).

p. 23 — Inscription **10** : borne indicatrice trouvée à Aliki, vers 450 av. J.-C.

p. 24 — Inscription **11** : règlement du culte d'Héraclès, vers 440-430 av. J.-C.

p. 25 — Inscription **12** : borne des *Phastadai*, vers 450-430 av. J.-C.

p. 26-27 — Exèdre de Dionysodôros, vers 130-120 av. J.-C., vue de l'Ouest (EFA, cliché 1954).

p. 27 — Tétradrachme d'argent de la série aux dieux gardiens, 390-330 av. J.-C. (EFA, cliché O. Picard).

p. 28 — Inscription **13 A** : fragment du catalogue des victoires de Théogénès, vers 390-370 av. J.-C.

p. 29 — Inscription **13 B** : tronc du culte de Théogénès, regravé au Iᵉʳ s. apr. J.-C.

p. 31 — Inscription **14** : les trois fragments de la Stèle des Braves, vers 360-350 av. J.-C.

p. 32 — Inscription **15 A** : inscription rupestre en l'honneur d'Aétès, vers 350 av. J.-C. (EFA, cliché Y. Garlan, 1980).

p. 33 — Inscription **16** : dédicace de la Tour d'Hérakléodôros, vers 340 av. J.-C. (EFA, cliché 1947).

p. 33 — Inscription **17** : autel du culte du roi Philippe (II) « Sauveur », 338-336 av. J.-C.

p. 34 — Inscription **18** : dédicace de la statue de Théopompos, signée par Praxias d'Athènes, vers 340 av. J.-C.

p. 35 — Inscription **19** : dédicace d'une offrande consacrée par un collège de gynéconomes, 1ᵉʳ tiers du IIIᵉ s. av. J.-C.

p. 36 — Inscription **20** : épitaphe du berger Manès, 1ʳᵉ moitié du IIIᵉ s. av. J.-C. (?).

p. 37 — Inscription **21** : deux fragments d'une stèle en l'honneur de juges thasiens, milieu du IIᵉ s. av. J.-C. (relevé EFA, M. Wurch-Koželj).

p. 39 — Inscription **22** : lettre et décret de Rhodes en l'honneur de Dionysodôros, vers 130 av. J.-C.

p. 40-41 — Autel des *Caesares* sur l'agora, 4-6 apr. J.-C., vu du Sud-Est (EFA, cliché J. Fournier).

p. 42 — Denier d'argent, frappé sur ordre d'Antoine, 32 av. J.-C. (EFA, cliché O. Picard).

p. 43 — Inscription **23** : base de statue pour Sextus Pompée, milieu du Iᵉʳ s. av. J.-C.

p. 44 — Inscription **24** : dédicace d'une tour par l'apodecte* Sôtas, milieu du Iᵉʳ s. apr. J.-C.

p. 45 — Inscription **25** : dédicace de Kômis, 14-29 apr. J.-C. (EFA, cliché Y. Grandjean, 1971).

p. 45 — Restitution axonométrique de la cour à l'exèdre (dessin M. Wurch-Koželj, EFA).

p. 46 — Inscription **26** : sarcophage de Pythiôn et d'Épikydilla, Iᵉʳ s. apr. J.-C. (EFA, cliché G. Daux, 1957).

p. 47 — Un sarcophage dans l'olivette, en 1907 (Archives W. Déonna, droits réservés).

p. 48 — Inscription **27** : lettre du procurateur Lucius Vinuleius Pataecius, 69-79 apr. J.-C.

p. 49 — Inscription **28** : ex-voto de Publius Fabricius Iustus, 1ʳᵉ moitié du IIᵉ s. apr. J.-C.

p. 50 — Inscription **29** : dédicace à Hadrien et à Sabine, 129-137 apr. J.-C.

p. 50 — La statue d'Hadrien au moment de sa découverte (EFA, cliché É. Sérafis, 1962).

p. 51 — Inscription **30** : base de statue pour Ktèsiphôn, milieu du IIᵉ s. apr. J.-C.

p. 52 — Inscription **31** : base de statue pour la grande-prêtresse Vibia Sabina, 1ʳᵉ moitié du IIIᵉ s. apr. J.-C.

p. 53 — Statue de Vibia Sabina (Musée archéologique d'Istanbul, droits réservés).

p. 54 — Inscription **32** : dédicace à Némésis, IIIᵉ s. apr. J.-C.

p. 55 — Inscription **33** : base de statue pour Constance II, 324-337 apr. J.-C.

p. 56-57 — Bases du IVᵉ s. apr. J.-C. en remploi sur l'agora (EFA, cliché 1951).

p. 58 — Une vue de la réserve épigraphique au musée de Thasos en 1923 (EFA, cliché 1923).

Thasos : dix siècles gravés dans le marbre

Sommaire

Introduction .... p. 7

Le Temps des Thasiens : listes monumentales de l'agora .... p. 9

Les premiers temps de la cité (VIIe-Ve s. av. J.-C.) .... p. 17

Entre Athènes et la Macédoine (IVe-IIe s. av. J.-C.) .... p. 27

Dans l'orbite de Rome (Ier s. av. J.-C.-IVe s. apr. J.-C.) .... p. 41

Conclusion .... p. 57

Achevé d'imprimer

en novembre 2019

par n.v. PEETERS s.a.

ISBN : 978-2-86958-442-6

Dépôt légal : 1er trimestre 2020

Directeur : Alexandre Farnoux puis Véronique Chankowski – Responsable des publications : Bertrand Grandsagne – Suivi éditorial : EFA, Pauline Gibert-Massoni – Conception graphique, prépresse : EFA, Guillaume Fuchs – Traduction et révision des textes en anglais : Victoria Leitch, Riet van Bremen – Traduction et révision des textes en grec : Eleni Dimitrakopoulou